nalgeographicmomentsHOCHZEITENnat
sHOCHZEITENnationalgeo me
raphicmomentsHOCHZE geo
ZEITENnationalgeographic HOC
cmomentsWEDDINGSnationalgeographic
nalgeographicmomentsHOCHZEITENnat
sHOCHZEITENnationalgeographicmome
graphicmomentsHOCHZEITENnationalg
sHOCHZEITENnationalgeographicmome
graphicmomentsHOCHZEITENnationalg
sHOCHZEITENnationalgeographicmome
graphicmomentsHOCHZEITENnationalg
sHOCHZEITENnationalgeographicmome
graphicmomentsHOCHZEITENnationalg
sHOCHZEITENnationalgeographicmome
graphicmomentsHOCHZEITENnationalg
sHOCHZEITENnationalgeographicmome
graphicmomentsHOCHZEITENnationalg

ochzeitenhochzeiten**HOCHZEITEN**hochzeitenhochzeiten

national geographic *moments*

HOCHZEITEN

von Leah Bendavid-Val

Hochzeiten

«Ehrlich gesagt halte ich nichts von langen Verlobungen. Sie geben den Menschen die Gelegenheit, vor der Hochzeit den Charakter des anderen kennen zu lernen. Was, glaube ich, niemals ratsam ist», sagte Oscar Wilde in Bunbury. Wilde nahm offensichtlich an, dass Vertrautheit die Leidenschaft dämpft. Menschen verlieben sich, dann entlieben sie sich wieder; das ist ein zentrales Thema in Musik, Literatur, Film und anderen Kunstrichtungen. Menschen verlieben sich, seitdem ihre Herzen schlagen, aber in Europa war das vor dem 9. beziehungsweise 10. Jahrhundert kein ausreichender Grund, um zu heiraten. Die unteren Gesellschaftsschichten heirateten aus Liebe, noch bevor es die oberen taten. Die Reichen und Mächtigen benutzten eine Heirat oft nur dazu, ihren Besitz zu vergrößern und ihre politische und soziale Position zu stärken. In Asien, Afrika und auch in Amerika war das nicht anders: Eine Heirat war die Verbindung von zwei Familien. Sie konnte wirtschaftlich und politisch ein großes geographisches Gebiet zusammenfügen. Die Angelegenheit war viel zu ernst, um sie jungen Paaren zu überlassen. Dies veränderte sich nach und nach.

So lehnten sich Romeo und Julia gegen ihre Familien und die Tradition auf und starben sogar für ihre Liebe. Sie wurden von Shakespeare als mutig und rein dargestellt. In den Augen des Dichters hinterließen sie durch ihre Liebe eine bessere Welt. Menschen in früheren Kulturen hätten das in Zweifel gezogen – das Verhalten des jungen Paares hätte als unreif und egoistisch gegolten und mit Sicherheit der sozialen Ordnung geschadet. Fotografen fingen an, Bilder von Brautpaaren zu machen, als die Fotografie noch in den Kinderschuhen steckte. Die Paare wurden für den Fototermin stocksteif arrangiert, weil die Fotoapparate langsam, die Filme unempfindlich waren. Heutzutage heuern Familien professionelle Fotografen an und planen die entsprechende Bildberichterstattung des Ereignisses bereits lange vor der eigentlichen Hochzeit. Um die Arbeit des Fotografen zu ergänzen, werden Wegwerfkameras auf den Tischen platziert. So können auch die Hochzeitsgäste etwas zum Hochzeitsalbum beisteuern. Man kann sich kaum einen anspruchsvolleren Job vorstellen als den des Fotografen einer Hochzeit, die einmalig im Leben sein soll – so hofft man wenigstens. Im November 1963 veröffentlichte die Zeitschrift NATIONAL GEOGRAPHIC die

Geschichte „Wedding of Two Worlds". Sie handelt von einer Hochzeit in Sikkim, einem Königreich im Himalaja. Prinz Palden Thondup Namgyal heiratete die Debütantin Hope Cooke aus Manhattan, die gerade ihren Abschluss am Sarah Lawrence College in Bronxville, New York, gemacht hatte. Die Zeremonie war lange erwartet und um ein Jahr verschoben worden. Astrologen waren zu dem Schluss gekommen, dass die Planetenkonstellation für das Jahr 1962 ungünstig war. Als der Tag endlich gekommen war, wurden die Hochzeitsbräuche der Buddhisten in Sikkim peinlich genau vollzogen. Der Autor und Fotograf Lee Battaglia dokumentierte das Ereignis im Stil eines Hochzeitsalbums – von Anfang bis Ende. Trotz des feierlichen und ernsten Rituals konnte man die Romanze erahnen, die 1959 begann, als sich das Paar in Darjeeling, Indien, kennen lernte, wo Hope ihre Ferien verbrachte. Fotoalben bestätigen die Tatsache, dass von allen Festlichkeiten Hochzeiten diejenigen sind, die am lebhaftesten gefeiert und erinnert werden. Wir kennen die Hochzeit unserer Eltern aus Bildern und Erzählungen. Wir erinnern uns nicht nur an unsere eigene Hochzeit, sondern auch an die Vermählungen von Freunden und Verwandten. Wenn wir unverheiratet sind, haben wir über den großen Tag nachgedacht, den wir uns wünschen oder auch nicht wünschen. Die Braut ist der Mittelpunkt jeder Hochzeit, ob auf dem Land oder in der Stadt, von der ganz bescheidenen Zeremonie bis zur überaus opulenten königlichen Extravaganz. Die Brautmode hat sich, wie Sie auf den folgenden Seiten sehen, enorm verändert. Aber wenigstens zwei Symbole – das der Reinheit und das der Fruchtbarkeit sind immer gleich geblieben. Der Schleier, ob aus Spitze oder Seide, symbolisiert die Reinheit. Er vermittelt den Hauch des Geheimnisvollen. In einigen Kulturen erblickt der Bräutigam seine Braut nicht, bevor der Schleier bei der Hochzeitszeremonie gelüftet wird. Wenn schon nicht auf den ersten Blick, hoffen beide Partner, dass sie den anderen im Laufe der Zeit lieben werden. Bei den Festivitäten in westlichen Kulturkreisen stehen weiße Kleider und Perlen ebenfalls für Reinheit. Die Tradition des weißen Hochzeitskleides begann 1840, als Königin Viktoria von England bei ihrer Hochzeit Weiß anstatt des üblichen Silbers trug. Aber nicht in jeder Kultur ist Weiß die Farbe der Braut. In China, im Kaukasus und in Armenien trägt sie Rot. In der Schweiz tragen Braut und Bräutigam üblicherweise Schwarz. Blumen, ob als

Kranz oder Strauß getragen, symbolisieren Fruchtbarkeit. Fast jede Pflanze kann zu diesem Zweck verwendet werden. Bäuerliche Bräute trugen Girlanden aus Blättern und Kräutern und wollten damit den Reichtum der Erde zum Ausdruck bringen – und die Hoffnung auf eine große Familie. Vor allem aber muss die Braut an ihrer Hochzeit schön sein. Was als schön gilt, das unterscheidet sich jedoch von Ort zu Ort, von Mensch zu Mensch, von Epoche zu Epoche. Schmuck kann extravagant oder dezent sein, Hände, Füße oder Gesicht dürfen sorgfältig oder gar nicht bemalt werden; Girlanden, Schleier oder Kronen verschleiern oder enthüllen; Kleider sind kurz oder lang, eng anliegend oder gekräuselt und drapiert. Im NATIONAL GEOGRAPHIC-Magazin erscheinen oft Geschichten über Kulturen aus aller Welt. Fotografien von Hochzeiten zeigen eine Fülle von Ritualen, Erinnerungen und Hoffnungen. Geschichten, die nur von Hochzeiten handeln, gibt es selten; seit dem Bericht über Hope Cooke und ihren Prinzen im November 1963 nur drei. Für „Die Töchter der Sahara", im Februar 1998, berichteten die Fotografinnen Carol Beckwith und Angela Fisher über die ausgetüftelten, eine Woche lang dauernden Zeremonien rund um die Hochzeit eines 15-jährigen Mädchens mit seinem 25-jährigen Cousin. Sie erforschten ausgiebig das halb nomadische Leben der Tuareg, um die Geschichte erzählen zu können. Die Tuareg-Frauen errichteten ein Hochzeitszelt aus Palmwedelmatten für das Paar. Im Zelt lag die Braut, ganz in weiße Tücher gehüllt, dicht neben ihrer besten Freundin. Während der Woche durfte sie nur mit dieser Freundin, ihrer Mutter, ihrem Bräutigam und der Frau, die sie bediente, sprechen. Letztere frisierte ihr Haar und stellte sicher, dass sie perfekt gekleidet war. Auch der Bräutigam hatte weibliche Bedienstete. Sie bedeckten seine Hände und Füße mit Henna und umwickelten sie mit Plastik. Beckwith und Fisher dokumentierten weitere Hochzeiten in ganz Afrika. Sie reisten über ein Jahrzehnt – getrieben von dem Wissen, dass die jahrhundertealten Hochzeitszeremonien verschwinden und der Macht der modernen Kultur Platz machen würden. Sie fotografierten auf dem ganzen Kontinent, motiviert durch den Wunsch, die vielschichtigen Hochzeitstraditionen im Bild zu bewahren. Ihre Geschichten zeigen erwartungsvolle Brautpaare, die sich an die Vergangenheit ebenso erinnern, wie sie von der Zukunft träumen.

PAESTUM, ITALIEN
1994
SISSE BRIMBERG

vorhergehende Seiten
NEW YORK, USA
1998
CHIEN-CHI CHANG

folgende Seiten
WEST POINT, NEW YORK, USA
1952
B. ANTHONY STEWART

EUROPA
2001
TOMASZ TOMASZEWSKI

LENDAK,
SLOWAKISCHE REPUBLIK
1987
JOHN EASTCOTT AND
YVA MOMATIUK

folgende Seiten
TUNESIEN
1943
RENÉE GESMAR

Eigentlich beginnen unsere

Hochzeitsvorbereitungen, wenn wir noch Kinder sind. Schaufensterpuppen in Geschäften und Bilder in Zeitschriften zeigen schon den Jüngsten, wie eine Braut auszusehen hat. Der Traum von einem Hochzeitskleid ist weiß; allerdings nur, wenn unsere Träume auf der Tradition beruhen, die mit Königin Viktoria von England im Jahr 1840 begann. Doch Kameras haben auch Hochzeitsgewänder festgehalten, die für das westliche Auge ungewohnt sind: einzigartige Hochzeitskleider aus Seide, über und über mit Perlen verziert, sowie außergewöhnlichen Kopfschmuck und Körperbemalungen.

MOSKAU, RUSSLAND
1996
GERD LUDWIG

vorhergehende Seiten
SEVILLA, SPANIEN
1992
DAVID ALAN HARVEY

folgende Seiten
ECUADOR
2001
PABLO CORRAL-VEGA

MONTANA, USA
1996
WILLIAM ALBERT
ALLARD

BUD LIGHT

NAMIBIA
1999
CAROL BECKWITH UND
ANGELA FISHER

vorhergehende Seiten
BOSTON,
MASSACHUSETTS, USA
1993
JOEL SARTORE

JAPAN
DATUM UND
FOTOGRAF UNBEKANNT

folgende Seiten
JAKARTA, JAVA, INDONESIEN
1987
MICHAEL YAMASHITA

MEXIKO-STADT
1984
STEPHANIE MAZE

NIGER
1998
CAROL BECKWITH UND
ANGELA FISHER

vorhergehende Seiten
CHARLIEVILLE,
CHAGUANAS, TRINIDAD
1994
DAVID ALAN HARVEY

folgende Seiten
MOORÉA,
FRANZÖSISCH-POLYNESIEN
1997
JODI COBB

INDIEN
1965
MARILYN SILVERSTONE

folgende Seiten
OMAN
1995
JAMES L. STANFIELD

IN DER NÄHE VON
BRENHAM, TEXAS, USA
1986
CHARLES O'REAR

Gekleidet für den schönsten

Moment in ihrem Leben, posieren junge Bräute für ein Foto. Die fertigen Bilder zeigen schüchterne junge Frauen, extravagant, aber dennoch bescheiden gekleidet. Auch die einfachste Familie tut, was sie kann. Fotografen von Edward Curtis, der in 30 Jahren mehr als 40 000 Bilder von den Indianern Nordamerikas machte, bis zu Carol Beckwith und Angela Fisher, die zehn Jahre lang in der Sahara fotografierten, haben mit ihren Kameras die Schönheit und Faszination von Bräuten eingefangen.

NORWEGEN
1935
PER BRAATEN

folgende Seiten
NEU-DELHI, INDIEN
1942
MAYNARD OWEN
WILLIAMS

JAPAN
1990
KAREN KASMAUSKI

folgende Seiten
WASHINGTON, USA
DATUM UNBEKANNT
EDWARD S. CURTIS

UNGARN
1914
A. W. CUTLER

ISRAEL
1985
JAMES L. STANFIELD

Den Weg zum entscheidenden

Schritt im Leben kann man über raues Terrain zurücklegen oder in einer klassischen Limousine. Aber egal, welches Fortbewegungsmittel gewählt wird und wer auch immer das Paar ist – die Emotionen sind überwältigend. Die feierliche Zeremonie wird durch Rituale noch verstärkt. In der Vergangenheit wurden Hochzeiten oft arrangiert, um Verbindungen zwischen Familien zu fördern. Manchmal hatten sich die Paare vor ihrer Hochzeit noch nie gesehen.

TÜRKEI
1994
REZA

folgende Seiten
INDIEN
1965
MARILYN SILVERSTONE

BADEN, DEUTSCHLAND
1927
KARL OBERT

folgende Seiten
FES, MAROKKO
1986
BRUNO BARBEY

MANILA, PHILIPPINEN
1990
SISSE BRIMBERG

KUIBYSCHEW, RUSSLAND
1992
JAMES P. BLAIR

vorhergehende Seiten
INDIEN
1917
BARTON & SON

LENDAK,
SLOWAKISCHE REPUBLIK
1987
JOHN EASTCOTT UND
YVA MOMATIUK

folgende Seiten
SUTKA, MAZEDONIEN
1996
SARAH LEEN

JERUSALEM, ISRAEL
1995
ANNIE GRIFFITHS BELT

SEWASTOPOL AUF DER HALBINSEL KRIM
1994
ED KASHI

folgende Seiten
SIZILIEN, ITALIEN
1994
WILLIAM ALBERT ALLARD

LONDON, ENGLAND
2000
JODI COBB

HYDERABAD, INDIEN
1994
ROBB KENDRICK

INGARO, SCHWEDEN
1992
TOMASZ TOMASZEWSKI

vorhergehende Seiten
RUMÄNIEN
2001
TOMASZ TOMASZEWSKI

folgende Seiten
SAUDI-ARABIEN
1987
JODI COBB

CORDOBA, SPANIEN
1999
STUART FRANKLIN

Tränen der Anspannung

fließen überall, ob in Rajasthan in Indien, in Pineville, West Virginia, oder in der Präfektur Fukui in Japan. Aber Fotografen fangen auch nachdenkliche Momente ein – eine Braut versunken in eine Unterhaltung mit ihrer Großmutter oder ihrem Bräutigam oder bei einem Drink mit Freunden in einem Restaurant. Die Bilder zeigen das Offensichtliche, dass äußerst unterschiedliche Paare ganz ähnliche Gefühle haben. Das Fest, das dem Eheversprechen folgt, kann laut oder leise sein, es wird sich immer durch fabelhaftes Essen auszeichnen.

RAJASTHAN, INDIEN
1993
DILIP MEHTA

vorhergehende Seiten
BOSTON,
MASSACHUSETTS, USA
2000
WILLIAM ALBERT ALLARD

KYOTO, JAPAN
1990
KAREN KASMAUSKI

folgende Seiten
CINECITTA,
AUSSERHALB VON ROM, ITALIEN
1961
JAMES P. BLAIR

GALILÄA, PALÄSTINA, ISRAEL
1994
ANNIE GRIFFITHS BELT

vorhergehende Seiten
LIMA, PERU
1964
BATES LITTLEHALES

PINEVILLE, WEST VIRGINIA, USA
1986
JAMES L. STANFIELD

ÇATAK, KURDISTAN,
TÜRKEI
1991
ED KASHI

KOWLOON, HONGKONG
1990
JODI COBB

folgende Seiten
RUMÄNIEN
1983
JAMES L. STANFIELD

HULMA, MORAVIA, TSCHECHISCHE REPUBLIK
1929
PUBLISHERS
PHOTO SERVICE

vorhergehende Seiten
RUMÄNIEN
2001
TOMASZ TOMASZEWSKI

TUTUILA, AMERIKANISCH-SAMOA
2000
RANDY OLSON

folgende Seiten
ATLANTA, GEORGIA, USA
1988
JIM RICHARDSON

MOORÉA,
FRANZÖSISCH-POLYNESIEN
1997
JODI COBB

folgende Seiten
LENDAK,
SLOWAKISCHE REPUBLIK
1987
JOHN EASTCOTT UND
YVA MOMATIUK

AUSTIN, TEXAS, USA
1990
MICHAEL O'BRIEN

vorhergehende Seiten
SKOPJE, MAZEDONIEN
1970
BRUCE DALE

MIRZAANI, GEORGIA, USA
1992
TOMASZ TOMASZEWSKI

LONDON, ENGLAND
1990
JOE McNALLY

MANILA, PHILIPPINEN
1990
SISSE BRIMBERG

Für das so überaus

Vietnam, Tunesien, der Sahara, der Slowakischen Republik, Indien oder China – zieht die Braut in das Haus ihres Ehemannes. Die kostbaren Hochzeitsfotos bewahren Erinnerungen für das Paar, seine Kinder und Enkelkinder.

SAN JOSE, MINDORO,
PHILIPPINEN
1930
G. W. GODDARD

vorhergehende Seiten
PRICKWILLOW,
CAMBRIDGESHIRE,
GROSSBRITANNIEN
1929
STARR & RIGNALL

BAIKALSEE
1992
SARAH LEEN

folgende Seiten
INDIEN
1917
BARTON & SON

SEOUL, SÜDKOREA
DATUM UNBEKANNT
UNDERWOOD &
UNDERWOOD

SHREVEPORT, LOUISIANA, USA
1988
TOMASZ TOMASZEWSKI

EL PASO, TEXAS, USA
1991
WILLIAM ALBERT ALLARD

folgende Seiten
LONDON, ENGLAND
2000
JODI COBB

Coca-Cola

KENIA
1999
CAROL BECKWITH UND
ANGELA FISHER

vorhergehende Seiten
MOLDAU, RUMÄNIEN
1990
TOMASZ TOMASZEWSKI

HANOI, VIETNAM
1989
DAVID ALAN HARVEY

folgende Seiten
LINCOLN, NEBRASKA, USA
2002
JOEL SARTORE

Hochzeiten
von Leah Bendavid-Val

Veröffentlicht von der National Geographic Society

John M. Fahey, Jr., *President and Chief Executive Officer*

Gilbert M. Grosvenor, *Chairman of the Board*

Nina D. Hoffman, *Executive Vice President*

Erarbeitet durch die Fachabteilung Buch

Kevin Mulroy, *Vice President and Editor-in-Chief*

Marianne R. Koszorus, *Design Director*

Leah Bendavid-Val, *Editorial Director, Insight Books*

Mitarbeiter an diesem Buch

Lea Bendavid-Val, *Editor*

Rebecca Lescaze, *Text Editor*

Marianna R. Koszorus, *Art Director*

Vickie Donovan, *Illustrations Editor*

Joyce M. Caldwell, *Text Researcher*

R. Gary Colbert, *Production Director*

John T. Dunn, *Technical Director, Manufacturing*

Richard S. Wain, *Production Project Manager*

Sharon C. Berry, *Illustrations Assistant*

Natasha Scripture, *Editorial Assistant*

Wir möchten uns besonders bedanken bei Susan E. Riggs, Bill Bonner und Patrick Sweigart für ihre harte Arbeit und die großzügige Unterstützung bei diesem Projekt.

Ergänzende Bildnachweise: Chien-Chi Chang (Titel), James L. Stanfield (Buchrücken)

ISBN 3-936559-33-3

Die National Geographic Society, eine der größten gemeinnützigen Vereinigungen der Welt, wurde 1888 gegründet, um «die geographischen Kenntnisse zu mehren und zu verbreiten». Seither unterstützt sie die wissenschaftliche Forschung und informiert ihre mehr als neun Millionen Mitglieder in aller Welt.
Die National Geographic Society informiert durch Magazine, Bücher, Fernsehprogramme, Videos, Landkarten, Atlanten und moderne Lehrmittel. Außerdem vergibt sie Forschungsstipendien und organisiert den Wettbewerb National Geographic Bee sowie Workshops für Lehrer.
Die Gesellschaft finanziert sich durch Mitgliedsbeiträge und den Verkauf der Lehrmittel.
Die Mitglieder erhalten regelmäßig das offizielle Journal der Gesellschaft: das NATIONAL GEOGRAPHIC-Magazin.

Falls Sie mehr über die National Geographic Society, ihre Lehrprogramme und Publikationen wissen wollen, nutzen Sie die Website unter www.nationalgeographic.com. Die Website von NATIONAL GEOGRAPHIC DEUTSCHLAND können Sie unter www.nationalgeographic.de besuchen.

Titel der amerikanischen Originalausgabe:
Weddings

Deutsche Ausgabe veröffentlicht von NATIONAL GEOGRAPHIC DEUTSCHLAND (G+J/RBA GmbH & Co KG), Hamburg 2004.

Übersetzung: Barbara Kiesewetter

Lektorat: Alexandra Carsten

Titelgestaltung: Lutz Jahrmarkt

Schlussredaktion: Ulla Wallenfels

Produktionsgrafik: Sandra Cordes

Herstellung: Ursula Stahl

Druck und Verarbeitung: EGEDSA S.A., Barcelona

Printed in Spain

nalgeographicmoments**HOCHZEITEN**nat
s**HOCHZEITEN**nationalgeographicmome
raphicmoments**HOCHZEITEN**nationalgeo
ZEITENnationalgeographicmoments**HO**
hicmoments**WEDDINGS**nationalgeograp
nalgeographicmoments**HOCHZEITEN**nat
s**HOCHZEITEN**nationalgeographicmome
ographicmoments**HOCHZEITEN**nationalg
s**HOCHZEITEN**nationalgeographicmome
ographicmoments**HOCHZEITEN**nationalg
s**HOCHZEITEN**nationalgeographicmome
ographicmoments**HOCHZEITEN**nationalg
s**HOCHZEITEN**nationalgeographicmome
ographicmoments**HOCHZEITEN**nationalg
s**HOCHZEITEN**nationalgeographicmome
ographicmoments**HOCHZEITEN**nationalg
s**HOCHZEITEN**nationalgeographicmome
ographicmoments**HOCHZEITEN**nationalg